KB245701

여성 사업자여! 자신을 고용하라

여성 사업자여! 자신을 고용하라

낸시 페일러 지음

권지은 역

아름다운 사회

여성 사업자여! 자신을 고용하라

1판 1쇄 찍음 / 2008년 5월 27일
1판 2쇄 펴냄 / 2009년 2월 23일

지은이 / 낸시 페일러
펴낸이 / 배동선
마케팅부/최진균, 서설
총무부/양상은
펴낸곳 / 아름다운사회

출판등록 / 2008년 1월 15일
등록번호 / 제2008-1738호

주소 / 경기도 하남시 감북동 125번지(우 465-818)
대표전화 / (02)479-0023
팩스 / (02)479-0538
E-mail / assabooks@naver.com
ⓒ 아름다운사회 2001. Printed in Seoul.Korea

값 / 4,000원

ISBN : 89-89724-21-X 03320

* 잘못된 책은 교환해 드립니다.

차례

상상만으로도 즐거운 이야기 ··9

남성 중심의 시대 ··12

밑으로부터의 변화 ··17

나에게 무슨 일이 일어났을까? ··19

독특하고 뛰어난 제품과 서비스 ··24

배우면서 사업을 전개한다 ··25

가장 커다란 문제 ··37

이 사업은 판매가 아니다 ··39

얼마나 오랫동안 배워야 하는가? ··41

마음을 열고 기회를 인식하라 ··43

원하는 곳에서 살 수 있다는 것 ··44

가난의 굴레에서 벗어나는 지름길 ··46

타이밍이 중요하다 ··53

균형 잡힌 삶 ··56

당신의 목표는 무엇인가? ··57

성공을 추구하라 ··60

시간적·재정적 자유를 소유한다는 것 ··64

누구든 이 사업에 참여할 수 있다 ··67

우리가 하는 일 ··69

많은 선택사항 ··73

더 나은 삶을 살기 위한 비결 ··75

성공 사례 ··78

이제 모든 것은 당신에게 달려 있다 ··79

무엇을 망설이는가? ··80

이 사업에서 성공을 위해 요구되는 특징은 주로
나눔과 보살핌 그리고 가르침입니다.
그리고 여성들이 이러한 부분에 있어서 뛰어나다는
것은 자명한 사실입니다.
따라서 이것은 여성들에게 있어
완벽한 기회라고 할 수 있습니다.

상상만으로도 즐거운 이야기

"놓여진 상황이나 배경, 조건에 관계없이 가정에서 안전하고 편안하게 수입을 올릴 수 있는 방법이 있을까요?"

물론 그러한 방법이 존재합니다.

이것은 틀림없는 진실입니다.

당신은 앞으로 두 번 다시 월급에 대해 걱정할 필요가 없습니다. 또한 앞으로 다시는 빚이나 각종 지출 혹은 당신이 직면한 재정적 위기로 인해 걱정할 필요가 없습니다. 그리고 더 이상 가족들의 복지 및 퇴직 후의 노년생활에 대해 걱정할 필요가 없습니다.

당신에게는 이제 충분한 금액의 고정수입이 들어오기 때문에 영원히 재정적 안정을 누릴 수 있는 것입니다. 이러한 고정수입 덕분에 당신은 물론이고 당신이 사랑하는 사람들 역시 인생에서 가장 중요한 것들을 손쉽게 이룰 수 있게 됩니다.

누구에게든 돈을 벌어야 하는 특별한 이유가 있게 마련입니다. 하지만 매달 충분한 금액이 정확하게 당신의 예금계좌에 들어온다면 당신은 '돈'에 대한 생각을 잊고 진정으로 원하는 삶을 살아갈 수 있을 것입니다. 동시에 당신의 욕망 및 열정에 보다 많은 시간을 투자할 수 있을 것입니다.

이제 마음을 터놓고 솔직히 이야기해 봅시다.

저는 여성으로서의 삶에 대해 보다 개인적이고 진솔한 이야기를 원합니다. 그리고 이제부터 저는 여성의 세계와 가정, 여성의 의무 및 기회에 관한 진실을 말하고자 합니다.

세계 도처에서 수 천 명의 여성들이 그들의 삶을 변화시키기 위해 열심히 하고 있는 그 일을 '당신도 할 수 있다'는 사실을 지금부터 보여드리겠습니다.

현재 그 여성들은 재정적 자유를 얻고 있습니다. 더불어 자신감을 얻고 존경과 인정을 받고 있습니다.

특히 이러한 여성들은 균형 잡힌 삶을 영위하고 있습니다. 또한 이들은 기존의 남성 지배적인 세상에서 뭔가를 성취하고 있습니다. 그들은 진정한 의미의 남녀평등을 이루어가고 있는 것입니다.

실제로 이 분야에서 여성들은 대부분의 남성들과 똑같은 수준의 가능성을 지니고 있습니다. 왜냐하면 이 사업에서 성공을 위해 요구되는 특징은 주로 나눔과 보살핌 그리고 가르침이기 때문입니다.

사실 이러한 부분에 있어서 여성들이 뛰어나다는 것은 자명한 사실입니다. 따라서 이것은 여성들에게 있어 완벽한 기회라고 할 수 있습니다.

이 책을 계속 읽어 나가면 당신은 세계를 변화시키고 있는 사업에 참여하여 수입을 올릴 수 있는 방법을 배우게 될 것입니다. 그 사업은 전혀 무리가 따르지 않을 뿐만 아니라 매우 간단하여 심지어 열 여섯 살짜리 아이도 할 수 있습니다.

저는 그 방법을 당신에게 알려드릴 것을 약속하는 것과 동시에 그 기회가 어떻게 제 인생과 제 가족의 인생을 변화시켰는지 말씀드리겠습니다. 더불어 제가 아는 여성들 중에서 '이러한 기회를 통해' 엄청나게 삶의 질을 높인 성공사례도 들려드리겠습니다.

이 사업에서 가장 중요하고 또한 가장 신나는 일이 무엇인지 아십니까? 그것은 바로 당신 역시 당신의 인생을 변화시킬 수 있다는 사실입니다. 서서히 그리고 꾸준히 노력을 한다면 얼마든지 가능합니다.

당신 자신을 진정한 커리어 우먼으로 변화시킬 수 있는 방법을 제가 알려드리겠습니다. 그 방법을 통해 당신은 새로운 자신감과 프라이드를 가질 수 있을 것입니다.

당신이 지금까지 계속 해왔지만 미처 알아차리지 못한 방법 즉, 남을 도움으로써 많은 수입을 얻을 수 있는 방법을 당신과 함께 나누고 싶습니다.

어떻습니까?

흥미롭지 않나요?

이 책을 계속 읽어 나가십시오.

남성 중심의 시대

"지금은 남성 중심의 시대이다."

이 말은 사실일까요? 그렇지 않을까요?

제가 자라던 시절, 여성이 놓인 자리는 '가정'이었으며 '사회'는 남성들이 장악하고 있었습니다. 그 당시 통용되던 사고방식은 '남편은 직장에 나가 돈을 벌고 여성은 가정주부 및 엄마로서의 역할 이외에도 모든 수단을 동원해 남편을 내조하는 것'이었습니다.

물론 제 부모님들은 고등교육에 대한 열의가 높았기 때문에 저는 대학에 들어갔고 그곳에서 제 남편을 만났습니다. 사실 저는 이미 60년대부터 결혼생활에서 재정적으로 남보다 앞서가기 위해서는 고등교육이 필요하고 또한 그것이 보다 나은 직업을 얻게 도와준다는 사실을 알고 있었습니다.

하지만 결혼과 동시에 여성들에게 주어지는 역할은 엄청나다고 말할 수 있습니다. 저 역시 마찬가지이지만 많은 여성들이 결혼생활 초부터 다양한 역할을 수행하느라 늘 파김치가 되어 버립니다.

여성들은 헌신적인 아내, 보살핌을 베푸는 엄마, 가정주부, 청소부 그리고 남편에 이어 두 번째로 돈을 버는 직업여성이 되어야 합니다.

당신도 이 말에 공감하십니까?

저는 이러한 여성들을 슈퍼우먼이라 부릅니다.

'남성의 일과는 새벽부터 황혼까지지만 여성의 일과는 절대로 끝나는 법이 없다'는 말을 들어본 적이 있습니까?

이것은 엄연한 사실입니다.

저는 당신과 같은 여성으로서 여성들이 안고 있는 삶의 특징들을 잘 이해하고 있습니다. 여성들이 안고 있는 특징 중에서 무엇보다 두드러진 것은 출산입니다. 그것은 오로지 여성만이 수행해야 할 역할입니다.

하지만 그로 인해 때로 여성들은 여러 가지 분야에 있어서 남성들에 비해 많은 차별을 받기도 합니다. 혹은 여성들이 하는 일이 남성들의 일에 비해 덜 중요하다는 평가를 받기도 합니다.

단지 우리가 여성이고 아기를 낳는다는 이유만으로 어떤 일에 뛰어들어 동등한 기회를 부여받고 커다란 수입을 올릴 수 있는 자리는 우리에게 제한되어 있습니다.

당신도 여기에 동의하지 않습니까?

그밖에도 여성들이 감내해야 할 많은 불이익이 있습니다. 남성과 동등한 승진이나 수입을 올릴 수 있는 직업, 이른바 고수익 직업이 거의 없다는 것은 물론이고 그 외에도 많은 불이익 및 어려움이 존재합니다.

또한 일부 여성들은 권위적이고 가부장적인 남편과 함께 살고 있습니다. 심지어 어떤 여성들은 남편에 대한 두려움을 안고 있으면서도 어쩔 수 없이 남편에게 의존해서 살아가기도 합니다.

그리고 많은 여성들이 가정 밖에서의 좋은 기회들을 놓치고 있는데, 그 원인은 시간과 돈의 부족 아니면 남편의 불만과 방해로 그 기회를 잡을 수 없기 때문입니다.

어떤 여성들에게는 자신감이나 자존심이 결여되어 있기도 합니다. 그렇다고 그들이 최선을 다해 인생의 패턴을 변화시킬 방법을 모색하고자 하는 의욕을 버린 것은 아닙니다. 즉, 그들은 스스로 만족감을 느낄 수 있도록 더 나은 삶을 살고자 하는 의욕을 지니고 있는 것입니다.

하지만 그들은 누구에게서 혹은 어디에서 그러한 방법을 배울 수 있는지 알지 못합니다.

지금까지 말한 것 중에서 하나 혹은 그 이상이 당신의 삶에서 실제로 일어나고 있습니까?

만약 그렇다면 용기를 내십시오.

당신이 지금까지 당연시해왔던 것들을 변화시킬 수 있을 정도로 당신도 충분한 수입을 얻을 수 있습니다.

그렇다고 여성들에게 일대 반란을 일으키라고 말하는 것은 아닙니다. 제가 말하고자 하는 것은 여성들이 약간의 특별훈련 및 교육을 받은 후, 가정에서 스스로의 상황에 맞춰 충분한 돈을 벌 수 있는 방법을 배워 자신의 인생을 원하는 대로 변화시킬 수 있다는 사실입니다.

또한 이 방법은 인간관계에 있어 어떠한 문제도 일으키지 않을 것입니다.

개인적으로 말하자면 저는 엄마로서 그리고 아내로서의 제 역할을 사랑합니다. 저는 제 남편과 두 아들을 최대한 보조해주는 제 역할을 정말로 좋아합니다.

하지만 무엇보다 특별한 사실은 제가 이 훌륭한 사업에 참여함으로써 현재 엄청나게 많은 돈을 벌고 있다는 점입니다.

저는 성공적으로 '제 자신을 고용하고 있는 아주 행복한 여성'입니다. 그리고 여성으로서의 저의 다른 역할들은 저를 지치게 하기보다는 오히려 기쁨을 줍니다.

저에게는 자신감이 있고 자립적이며 무엇보다 저에게 가장 중요한 일들을 할 수 있는 자유로운 시간을 가지고 있습니다.

작은 비밀을 하나 알려드릴까요?

저는 요리나 청소 같은 지루한 집안 일에 대해 더 이상 걱정할 필요가 없습니다. 왜냐하면 그 일을 대신 해줄 사람을 고용할 수 있을 만큼 재정적 능력이 있기 때문입니다. 요즘 제가 하는 일은 즐거운 것들뿐입니다.

당신도 이러한 삶을 영위하고 싶지 않습니까?

당신도 얼마든지 그러한 삶을 살아갈 수 있습니다.

중요한 것은 바로 이 점입니다!

현재 당신이 전업주부이든 아니면 직업을 갖고 있든 혹은 성실한 남편과 살고 있든 아니면 당신에게 감사하지 않는 남편과 살고 있든 그리고 식당 종업원이든 아니면 실무계약을 위해 전세계를 날아다니든 즉, 현재 당신의 삶이 어떤 모습이든 당신에게 결단력과 의지만 있다면 당신이 즐길 수 있는 인생을 개발할 수 있습니다.

만약 당신이 가족을 사랑하는 것만큼 다른 사람들에게도 사랑과 관심을 보일 수 있다면, 이 일을 통해 당신은 재정적으로 크게 성공할 수 있습니다. 왜냐하면 이것은 여성들이 개인적으로 커다란 수입을 올릴 수 있는 즐겁고도 강력한 방법이기 때문입니다.

밑으로부터의 변화

세계는 지금 급속도로 빠르게 변화하고 있습니다.

각종 첨단기구, 컴퓨터 칩 그리고 인터넷의 발달은 회오리처럼 우리 사회를 변화시키고 있는 것입니다.

그리하여 지난 반세기 동안 인기를 얻었던 상업마케팅 및 세계적 규모의 소비 행태는 완전히 변화되어 전기, 전자, 연결식 국제유통(electronically linked international distribution)이라는 새 물결로 변화하는 추세입니다. 그 결과 편리한 홈쇼핑이 더욱더 인기를 끌고 있습니다.

이러한 변화로 인해 대기업들은 그 사업규모를 축소하거나 아예 사업장을 폐쇄하고 있습니다. 새로운 시대를 맞이하여 전체 산업이 변화를 맞이하고 있는 것입니다.

무엇보다 좋은 소식은 전혀 새로운 산업이 형성되었다는 사실입니다. 즉, 제품 생산 및 소비 유통에 있어서 혁신적인 새로운 방법이 등장한 것입니다.

그리고 이 방법을 통해 여성은 물론이고 남성 역시 가정에 편안히 앉아 고수익을 올릴 수 있는 놀라운 기회를 얻게 되었습니다.

사실, 이 사업에서는 당신이 벌어들이는 수입이나 자유에 대한 제한이 없습니다. 그리고 무엇보다 중요한 사실은 사업을 위한 모든 시스템이 준비되어 있다는 점입니다. 따라서 당신이 해야 할 일은 단지 정보를 얻어 이 사업에 참여하고 성공하는 것뿐입니다.

이 사업 시스템은 요즘 가장 큰 주목을 받고 있는 사업 중의 하나입니다. 사실, 이것은 산업혁명에 버금가는 새로운 혁명이라 할 수 있습니다. 왜냐하면 이것이 사회에 미칠 영향은 산업혁명의 영향만큼 크기 때문입니다.

저는 이것을 사업가를 위한 '밑으로부터의 변화'라고 부르고 싶습니다. 왜냐하면 이러한 시스템으로 인해 가정 밖에서 행해지던 기존의 직업들이 가정 내의 직업으로 변화할 것이며 또한 그 변화의 규모는 농경시대 이후로 가장 거대할 것이기 때문입니다.

따라서 이 혁명으로 인해 수 백 만의 가정이 충분한 이윤을 올릴 수 있는 가정에 기반(home-based)을 둔 사업으로 되돌아갈 것입니다. 그리고 무엇보다 중요한 사실은 당신도 이러한 시스템에 뛰어들 수 있다는 점입니다.

나에게 무슨 일이 일어났을까?

저는 지금 행복합니다. 왜냐하면 저는 지금 제가 원하던 삶을 살고 있기 때문입니다. 물론 이전에는 그렇지 못했습니다.

현재 저는 다른 사람들에게 '자신이 원하는 삶을 살아가는 법'을 가르치고 있으며 또한 그들을 돕고 있다는 사실에서 기쁨을 느낍니다.

저는 이 일을 사랑합니다.

이 일은 정말로 즐겁습니다!

이 일은 당신에게 시간적 · 재정적 자유와 더불어 당신이 원하는 삶을 살 수 있도록 해줍니다. 그렇기 때문에 당신의 남편이나 혹은 당신에게 특별한 사람과 함께 알찬 시간을 보낼 수 있고 또한 자녀들 곁에서 그들이 당신을 필요로 할 때 얼마든지 함께 할 수 있습니다. 그리고 특별한 일이나 당신이 좋아하는 취미생활, 교회활동, 봉사활동 등에 필요한 시간과 돈을 얻을 수 있습니다.

이처럼 가정에 기반(home-based)을 둔 사업은 자립, 편안함, 여유시간 그리고 부수입을 가져다주는 것입니다.

하지만 대부분의 사람들은 이러한 대안이 있다는 사실을 알지 못합니다. 그들은 더 나은 방법이 있다는 사실을 깨닫지 못하는 것입니다. 왜냐하면 그들은 기존의 시스템에 너무 깊이 얽매여 스트레스를 받고 있기 때문입니다.

그들은 제가 앞서 설명한 기회가 존재한다는 사실조차 알지 못합니다.

이 기회에 참여하여 약간의 훈련을 받은 후, 인생을 변화시키는 데에는 단지 몇 달러와 주당 몇 시간이 필요할 뿐입니다. 물론 처음에는 당신이 현재 하고 있는 일과 병행하여 더디게 진행될 수도 있습니다. 그렇다고 처음부터 하던 일을 그만두고 이 일에만 매진할 필요는 없습니다.

그것은 너무도 위험하고 바보 같은 짓이니까요.

그러므로 처음에는 시간제(part-time) 형식으로 시작하는 것이 좋습니다. 그 후, 몇 개월 혹은 1, 2년 동안 계속해서 자투리 시간을 활용하여 노력한다면 당신의 수입은 이렇게 결정을 내릴 수 있을 만큼 늘어날 것입니다.

"지금의 일을 그만두고 네트웍 마케팅에 전념하자."

왜냐하면 매달 파트타임으로 참여한 대가가 직장에서 주당 40~60시간 동안 일하고 받는 봉급과 거의 맞먹기 때문입니다.

제 주변에는 힘든 직장을 그만두고 재미있는 네트웍 마케팅 사업에 파트타임으로 참여한 사람들이 많이 있습니다. 그리고 그들은 이 사업을 진행하면서 남는 시간에 그들이 좋아하는 일을 하고 있습니다.

여기서 제가 말하고 싶은 것은 당신이 일하고 싶은 만큼만 일하면 된다는 사실입니다.

그리고 당신이 살고 싶은 곳을 선택할 수 있는 것과 마찬가지로 당신은 이 사업에서 함께 일하고 싶은 동료들을 선택할 수 있습니다. 더불어 당신의 필요, 기호 그리고 삶의 방식에 가장 잘 어울리는 프로그램을 선택할 수 있습니다.

결국 당신은 시간과 자유 그리고 수입의 정도에 따라 모든 것을 스스로 선택할 수 있는 것입니다.

그리고 또 다른 이점은 당신이 회사의 이윤증대를 돕는 일에 더 오랫동안 참여하면 할수록 당신의 수입은 더 늘어날 것이며 그와 더불어 당신의 선택이나 자유, 행복도 늘어날 것이라는 사실입니다. 즉, 당신은 뛰어난 제품 및 재정적 기회를 통해 다른 이들을 도와줌으로써 당신의 인생에 거대한 변화를 가져올 수 있습니다.

삶에 대해 고민하지 마십시오.
당신은 이 사업을 통해 당신이 원하는 모든 것을 가질 수 있습니다. 예를 들면 만족스런 결혼이나 사랑이 넘치는 인간관계 같은 것 말입니다.
따라서 당신은 행복한 가정을 꾸리고 가족들에게 당신의 개인적인 시간과 관심을 줄 수 있습니다. 동시에 당신은 매우 이윤이 높고 보람이 있는 파트타임 직업을 가질 수 있습니다.
여성에게 있어 이보다 더 좋은 기회는 없습니다.
당신은 이 일을 함으로써 행복과 자신감에 넘칠 수 있을 것입니다.

그렇다면 여성의 전형적인 하루 일과를 살펴볼까요?
8시간 수면, 8시간 일, 2시간 출퇴근, 요리, 청소, 장보기, 세탁, 아이들 돌보기 그리고 남편 내조… 그렇다면 당신만의 시간은 어디에 있습니까? 당신의 인생에서 얼마만큼이 진실로 당신의 것입니까?

　게다가 직업을 한 번 생각해 보십시오.

　당신은 당신의 일을 거의 혹은 전혀 조절할 수가 없습니다. 그저 업무시간이 일방적으로 당신에게 주어질 뿐입니다. 휴식 시간도 마찬가지입니다. 특히 당신은 업무를 통해 늘 상사를 만족시켜 주어야 합니다. 그렇다면 당신은 직장에서 얼마만큼 당신의 인생을 가질 수 있습니까?

　하지만 이 사업에 참여한 후, 일정시간이 지나게 되면 당신은 파트타임 사업에서 얻는 수입을 통해 당신의 인생을 조절할 수 있습니다.

　말 그대로 당신은 당신만의 시간 및 자유를 조절할 수 있게 되는 것입니다. 물론 그것은 당신이 속한 팀 즉, 당신의 네트웍 그룹 사람들의 지원 및 도움을 통해 가능해집니다. 정말 굉장한 일이죠!

　당신이 바로 당신 자신의 상사입니다. 그러므로 지루하고 의지와 상관없이 진행되는 일로 인해 스트레스로 가득한 상황 속에서 더 이상 일할 필요가 없습니다.

　어떤 여성들도 이 일을 시작할 수 있습니다. 그리고 당신에게 필요한 것은 다른 사람들이 이 일을 어떻게 해왔는가를 배운 후 그들이 한 일을 그대로 따라할 수 있는 약간의 의지입니다.

그러면 당신의 친구들 혹은 우리들이 기꺼이 당신에게 그 방법을 보여주고 도와줄 것입니다.

독특하고 뛰어난 제품과 서비스

이 사업의 가장 큰 장점은 대부분의 기업들이 뛰어난 품질의 제품 및 서비스를 보유하고 있다는 것입니다. 하지만 네트웍 마케팅 기업의 우수한 제품은 일반 연쇄점이나 슈퍼마켓 혹은 다른 어느 곳에서도 구입할 수 없습니다. 왜냐하면 이것은 소매업체에서 판매하는 것이 아니기 때문입니다.

특히 독특한 이들 제품 및 서비스는 사람들의 생활에 커다란 차이를 만듭니다. 제가 한 가지 사례를 들어 보겠습니다.

제가 관계하고 있는 회사의 건강식품은 다이어트나 운동 없이도 피하지방을 분해시키고 근육을 생성시켜 몸의 신진대사를 돕습니다.

이것은 어디까지나 하나의 사례일 뿐입니다. 네트웍 마케팅 산업에는 가치 높은 수 백 가지의 절약형 서비스와 공급자로부터 소비자에게로 직접 거래되는 수 천 가지 종류의 각기 다른 제품이 있습니다.

그리고 사람들로 하여금 인생의 전환점이 될 만한 제품이나 절약형 서비스를 발견하도록 돕는 동시에 그들의 재정적 상태를 변화시키도록 돕는 것은 매우 흥미로운 일입니다.

배우면서 사업을 전개한다

초기에는 이 사업을 배우기 위해 학생의 자세로 되돌아갈 필요가 있습니다. 그렇다고 학생들처럼 수업을 받는 것이 아니라, 성공을 위한 배경, 지식 및 필수적인 트레이닝을 위해 몇 시간 동안 책을 읽고 카세트 테이프를 듣거나 혹은 비디오 테이프를 보아야 하는 것입니다.

때로 당신은 핵심 강의를 듣거나 일대일 혹은 그룹 훈련을 하기도 하는데, 이것을 통해 성공방법에 대해 더욱더 많은 것을 배우게 됩니다.

그 후, 교육을 통해 습득한 것들을 다른 사람들과 함께 서로 나누기 시작하면서 당신은 이 사업에 관심을 갖고 있는 사람을 모으기 시작합니다. 이것은 그다지 어려운 일이 아닙니다.

왜냐하면 많은 사람들이 사회의 과도한 경쟁에 지친

나머지 간단하고도 쉽게 접근할 수 있으며 수익을 올릴 수 있는 방법을 찾고 있기 때문입니다.

네트웍 마케팅은 바로 그 대안입니다.

이것은 90년대 그리고 2000년대까지도 대부분의 사람들이 처해 있는 재정난 및 엄청난 스트레스를 피할 수 있는 가장 뛰어난 방법이라고 할 수 있습니다.

만약 당신이 파트타임으로 2~5년 동안 열심히 이 사업을 전개한다면 당신은 매달 2천 달러에서 1만 달러 혹은 그 이상의 수입을 올릴 수도 있습니다.

그리고 이 모든 것은 '난 그것을 해낼 거야'라는 결심 하나에 달려 있습니다. 지금까지 수 천 명의 여성들이 이러한 결심을 해왔고 지금도 하고 있습니다.

이것은 여성산업의 거대한 움직임으로 여성들과 그 가족 그리고 친구들의 삶에 커다란 변화를 가져올 것이며 동시에 이들 여성들은 완벽한 방법으로 그들의 성공을 컨트롤할 수 있게 됩니다.

이것은 매우 즐겁고 재미있는 사업입니다.

하지만 대부분의 사람들은 이 사업을 오해하고 있습니다. 즉, 많은 사람들이 이 사업을 두고 불법적이라거나 비윤리적인 피라미드라고 생각하는 것입니다.

또 다른 사람들은 집집마다 찾아다니며 직접 물건을 판매하는 일이라고 생각합니다. 그리고 어떤 사람들은 의무적으로 많은 양의 제품을 구입하여 집에 쌓아두어야 한다고 생각합니다. 게다가 당신이 어떻게든 몇 백 명의 사람들을 모집해야 한다고 생각하는 사람도 있습니다.

이 모든 생각들은 전혀 사실이 아닙니다!

아시다시피 건전한 네트웍 마케팅 기업들은 우리가 일상생활에서 매일 사용하는 뛰어난 제품 혹은 서비스를 보유하고 있습니다. 하지만 이들 기업들은 제품광고를 하지 않습니다. 또한 아울렛 연쇄점도 갖고 있지 않습니다. 그리고 소비자에게 제품 및 서비스(이윤을 제공하는)를 전해주는 국가별, 지역별, 동네별 판매 도매상을 고용하지 않습니다.

그렇다면 이들 제품들은 어떻게 이동할까요?

네트웍 마케팅 기업들은 저나 당신 같은 사람들로 하여금 다른 사람들에게 제품 정보를 알리도록 하고 그들에게 대가를 지불하는 방식을 택합니다.

여기서 짚고 넘어가야 할 것은 '불법적인 피라미드는 양질의 제품 및 서비스를 제공하지 않는다'는 점입니다. 바로 그런 이유 때문에 그들은 불법인 것입니다.

하지만 진실을 가리기 위해 피라미드는 스스로를 합법적 기회라고 거짓 포장합니다. 그러나 피라미드 조직은 복권과 같은 원리로 모든 이들이 가입비를 전부 지불해야 하는 단순한 인원 모집 계략일 뿐입니다.

따라서 어느 누구도 이러한 피라미드 조직으로부터 이윤 제품이나 서비스 같은 구체적인 것들을 얻을 수 없습니다. 다만, 아무 일도 할 필요 없이 즉석에서 돈을 벌게 해주겠다는 약속만 되풀이됩니다.

어떻게 그런 일이 있을 수 있습니까! 아무런 노력도 없이 부를 얻는다는 게 말이 됩니까?

물론 이것은 불가능합니다.

제품이 소비자들에게 배달되고 그것의 뛰어난 품질에 반한 소비자들이 다른 사람들에게 그것을 소개시켜 주는 대가로 리베이트 및 커미션을 받을 수 있는 판매유통 시스템과 피라미드 조직은 전혀 다른 것입니다.

직장을 갖고 있는 대부분의 여성들은 가정일과 직장일로 인해 늘 쫓기듯 살아갑니다. 하지만 네트웍 마케팅은 가정에서도 커다란 수입을 올릴 수 있는 이상적인 방법입니다.

매일 한 두 시간씩 책이나 카세트·비디오 테이프를

다른 사람들에게 빌려주십시오. 이러한 도구들은 재정적 자립의 이점, 다시 말해 자신이 원하는 삶을 살아가는 방법을 타인과 나누기 위해 알아야 할 모든 것들을 설명해 줍니다.

이러한 방법을 통해 당신은 보다 질 높은 삶을 살고 싶어하는 사람들을 돕게 됩니다. 이 방법은 매우 간단하기 때문에 마치 아이들에게 자전거 타는 법을 가르치는 것과 같습니다.

처음에 아이들은 혼자서 자전거를 탈 수 없습니다. 따라서 당신이 자전거를 어떻게 타는지 알려주고 시범을 보여준 후 도와주어야 합니다. 그러면 얼마 지나지 않아 아이들 스스로 자전거를 탈 수 있게 됩니다. 이 사업 역시 이러한 원리에 의해 이루어집니다.

어쩌면 당신은 이미 이 사업을 해본 경험이 있을지도 모릅니다. 그리고 그 과정에서 실망을 했다거나 혹은 희망이 무너졌을 수도 있습니다. 심지어 과도하게 구입했던 물건들이 지금도 창고나 차고에 쌓여 있을지도 모릅니다.

이러한 사람들은 실패의 쓰라린 기억으로 비참함을 느낄 수도 있습니다. 그렇다면 어떻게 해야 이 사업을 새롭게 시작하여 성공할 수 있을까요?

우선 과거에 일어났던 일들을 생각해 봅시다.

지난 40여년 동안 이들 기업의 활동방향은 크게 변화했습니다. 하지만 이 사업이 얼마나 변했는지는 10년이나 20년 혹은 30여년 동안 이 사업에 참여해왔던 베테랑만이 올바로 설명할 수 있습니다.

그리고 무엇보다 좋은 소식은 지금 참여할 경우 실패하지 않거나 실망하지 않을 확률이 매우 높다는 것입니다. 그 이유는 성공적인 기업들 및 최상의 사업자들이 그 동안 열심히 노력한 결과, 네트웍 마케팅 시스템에 존재했던 약점 및 함정들을 제거했기 때문입니다.

따라서 오늘날 사용되고 있는 기술 및 제반 필요사항들은 40년이나 30년 혹은 20년 심지어 5년 전과도 판이하게 다릅니다! 지금은 단순히 시스템을 따라 하기만 하면 성공의 길로 들어설 수 있도록 체계화되어 있는 것입니다.

예를 들어 요즘에는 필요 이상의 재고품을 쌓아둘 필요가 없습니다. 하지만 과거에는 일종의 다이렉트 세일 (직접판매) 형태를 띠고 있었기 때문에 사업자들은 물건을 구입하여 쌓아두고 그 제품들을 소비자에게 직접 판매하였습니다.

그러나 이제는 당신이 일상생활을 영위하기 위해 사용

하는 제품을 일반 소매점에서 구입하는 것이 아니라 당신이 관계하고 있는 네트웍 마케팅 기업의 제품을 애용하기만 하면 됩니다.

즉, 당신이 스스로의 선택으로 어떤 네트웍 마케팅 기업의 회원이 되면 모든 이들이 즐겨 사용하고 또한 필요로 하는 각종 제품 및 서비스를 이용할 수 있는 것입니다. 이때, 080번호를 누르고 제품을 신청하면 며칠 내에 제품이 도착하게 됩니다.

네트웍 마케팅에서는 이것을 두고 '자동구매(transfer buying)'라고 부르는데, 이 구매방법은 매우 간단하고 어떠한 제재도 없으며 편리합니다. 동시에 많은 돈을 절약할 수 있습니다.

더불어 더 이상 제품을 쌓아둘 필요가 없습니다. 또한 대규모 투자도 필요 없습니다. 다만, 현명한 고객이 되어 공급자로부터 우수한 제품을 저렴한 가격에 구입하면 됩니다. 왜 중간상인들에게 많은 비용을 지불해야 합니까?

게다가 당신이 사용해본 우수한 제품을 다른 사람들에게 소개하는 방법으로 당신은 엄청난 소득을 올릴 수 있습니다. 우리는 이것을 두고 '구전광고'를 통한 소득이라고 부릅니다.

전문가들은 흔히 네트웍 마케팅 사업자를 '소비자 대변인'이라 부르기도 하는데, 그 이유는 우리가 사용해본 제품에 만족을 느껴 다른 사람들에게 그 제품을 권하기 때문입니다.

예를 들어 영화산업을 생각해 봅시다.

어떤 사람이 특정한 영화를 보고 매우 감동을 받았다면 그는 다른 사람들에게 그 영화에 대해 감동적인 이야기를 들려줄 것입니다. 그러면 그 말을 들은 사람은 그 영화를 보러 가게 됩니다.

혹시 좋은 영화나 음식점을 다른 사람들에게 추천해본 경험이 있습니까? 만약 그렇다면 당신은 개인적으로 소개를 해본 셈이 됩니다.

네트웍 마케팅은 바로 이러한 원리로 사업이 전개되는 것입니다. 게다가 오늘날 네트웍 마케팅 기업들은 본사 제품 및 보상 프로그램의 이점을 설명해주는 뛰어난 책자나 오디오·비디오 테이프를 제공하고 있습니다. 따라서 당신은 아무 것도 걱정할 필요가 없습니다.

단지 우수한 제품을 애용하고 그 가능성을 이해하기만 하면 됩니다.

지금까지 많은 전문가들이 다른 사람들에게 제품을 소개하는 데 필요한 여러 가지 사업도구 및 방법들을 개발해 왔습니다.

이러한 사업도구들은 다른 사람을 교육 및 훈련시키고 그들을 보조해 주며 더불어 당신의 성공을 도와줍니다. 따라서 당신은 스스로 아이디어를 짜내기 위해 애쓸 필요가 없으며 영리한 광고대행인, 판매자, 사업가, 연설자 등의 능력을 갖춰야 하는 것도 아닙니다.

다만, 당신이 해야 할 일은 이것뿐입니다.

◈ 인생을 변화시키기 위해 필요한 충분한 돈을 벌겠다는 의욕을 가져야 합니다.

◈ 네트웍 마케팅 사업에 참여하여 제품 및 서비스를 애용해야 합니다.

◈ 교육 및 세미나를 들음으로써 해야 할 일과 하지 말아야 할 일을 배워야 합니다.

◈ 다른 사람들과 지식 및 기술을 서로 나누고 도와주는 습관을 몸에 지녀야 합니다.

◈ 일정 궤도에 오를 때까지 인내심을 가지고 꾸준히 사업을 전개해야 합니다. 이 사업은 비록 처음에는 느리게 성장하지만 시간이 흐를수록 더욱더 빠르게 성장하는 특징을 지니고 있습니다.

이것이 그렇게 어려운 일일까요?

과거에 실패했던 사람들의 대부분은 아마도 다음과 같은 이유로 인해 실패했을 것입니다.

◇ 그들은 어떻게 해야 성공할 수 있는지 혹은 성공하기까지 얼마의 시간이 걸리는지에 대해 충분히 이해하지 못했습니다.

◇ 양질의 훈련 및 지속적이고 탄탄한 도움을 받지 못했습니다.

◇ 마음에 드는 제품, 신뢰하는 제품 그리고 진심으로 다른 이들과 나누고픈 제품 및 서비스를 제공하는 기업을 선택하지 못했습니다.

◇ 그들 자신을 혹은 그들의 스폰서를 신뢰하지 못했습니다.

특히 대부분의 여성들이 실패하는 가장 큰 이유는 파트타임의 가정에 기반(home-based)을 둔 사업에서 충분히 증명된 방법을 이용하여 고수익을 올릴 수 있다는 사실을 믿지 않는다는 데 있습니다.

스스로를 의심하거나 '할 수 있다'는 의지가 없는 사람은 너무 쉽게 포기하고 맙니다.

하지만 제가 장담하건대 진실로 재정적인 자유를 원하고 그것을 절실히 필요로 하는 누군가를 찾은 후, 그 사람에게 인생의 가장 큰 기회를 제공한다면 성공은 저절로 당신에게 찾아올 것입니다.

만약 당신이 이 말을 의심한다면 당신은 곧 이 일을 그만둘 것이고 그리고 실패할 것입니다. 하지만 마음을 굳게 먹고 '이 일이 비록 오래 걸릴지라도 절대로 그만두지 않겠다'라고 스스로에게 다짐을 한다면 당신은 이 사업에서 재정적 안정과 더불어 자기 인생을 마음대로 컨트롤할 수 있을 것입니다.

당신이 그만두지 않는다면 이 사업에서 실패란 절대로 없습니다. 그리고 이 사업은 오래 머물수록 유리합니다.

이 사업은 완벽에 가까우며 누구나 할 수 있다는 것이 입증되고 있습니다. 여러 분야의 다양한 사람들이 이 사업을 하여 성공하고 있는 것입니다.

당신도 할 수 있습니다.

당신 역시 제대로 된 시스템을 이용하는 방법만 배우면 됩니다.

네트웍 마케팅 기업들의 보상 프로그램에는 뛰어난 이점들이 많습니다. 예를 들면 매달 얻게 되는 고수익 이외에도 신형 자동차, 외국 여행, 보너스 상품 등 많은 훌륭한 인센티브를 받을 수 있는 것입니다.

중요한 사실은 이 사업으로 인해 당신이 누릴 수 있는 수입과 즐거움에 어떠한 제한도 따르지 않는다는 것이며 동시에 당신의 생활을 스스로 컨트롤 할 수 있다는 점입니다.

　　지금 이 순간에도 많은 사람들이 열심히 일을 해서가 아니라 영리하게 일하는 법을 배움으로써 성공하고 있습니다. 다시 말해 시간적인 제약을 받지 않고 원하는 시간에 원하는 만큼 일하고자 하는 사람들을 찾음으로써 단순하고 즐겁게 일하는 방법을 배우고 성공에 이르고 있는 것입니다.

　　자신에게 주어진 정보를 자세히 살펴봄으로써 커다란 꿈을 갖게 된 사람들은 즐겁게 자신의 라이프스타일을 즐기고 있습니다. 하지만 이 사업의 방향을 믿지 못하는 사람들은 단순히 의심만 하면서 침묵의 절망과 스트레스로 가득한 인생을 계속 살아갈 것입니다.

　　정말로 중요한 것은 당신의 배경, 환경, 놓여진 상황이 아닙니다. 다시 말해 당신이 과거에 무슨 일을 했는지는 문제가 되지 않습니다.

　　진정한 문제는 진실로 뛰어난 제품, 탄탄한 기업 그리고 입증된 성공시스템입니다. 이것은 당신과 당신이 사랑하는 사람들에게 훌륭한 삶을 제공할 수 있습니다.

이 사업은 정도를 걷는다면 절대로 실패란 없습니다.

그럼에도 불구하고 몇 몇 사람들이 재정적 자유를 성취하지 못하는 이유는 그들이 이 시스템을 충분한 기간 동안 혹은 올바른 방법으로 사용하지 않았기 때문입니다.

가장 커다란 문제

대부분의 여성들은 그룹의 성장을 위해 필요한 시스템 모방 방법을 제대로 배우지 못합니다. 그 결과, 스트레스와 실패에 도달하게 됩니다.

시스템 모방이라고 하는 것은 한 여성이 다른 여성에게 또 다른 여성을 가르치는 법을 가르치는 것을 의미합니다. 예를 들면 저는 여러 가지 도구를 이용하여 머리에게 어떻게 네트웍 마케팅이 전개되는 것인지를 가르칩니다. 그리고 나서 저는 메리에게 이러한 도구 및 시스템을 수(Sue)에게 소개하는 방법을 가르칩니다.

물론 모든 자세한 사항들을 설명해주는 것은 여러 가지 도구들입니다. 그 후, 메리와 수가 그 방법을 숙지하게 되고 다른 누군가를 돕게 되면 시스템을 모방시키려는 제 노력의 성과가 나타날 것입니다.

자신의 삶을 자신의 의지대로 살아가고 싶어하는 새로운 사람을 만날 때마다 저는 매번 이러한 방법을 되풀이합니다. 즉, 저는 제 자신을 계속 모방하는 것입니다.

　또한 제가 가르친 각각의 사람들 역시 똑같은 방법을 사용합니다. 그리하여 이처럼 시스템을 모방하는 사람들의 연속적인 증가는 기하급수적으로 늘어납니다. 그리고 얼마 지나지 않아 그야말로 폭발적으로 성장하게 됩니다.

　그 결과, 많은 사람들이 이 프로그램에 참여하여 당신의 제품 제공자로부터 직접 제품을 구입하게 됩니다. 이 과정을 통해 당신은 한 달에 몇 백 달러의 돈을 벌 수도 있으며 많게는 매달 여섯 자리 숫자의 금액을 벌 수도 있습니다.

　일단 이 사업이 일정 궤도에 오르면 그 흐름을 멈출 수 없을 정도로 대규모로 급속히 성장하게 됩니다. 그렇다고 당신이 직접 그 모든 사람들을 찾아내야 하는 것은 아닙니다.

　다만, 당신이 그 방법을 다른 사람과 나누고 그 사람에게 나누는 법을 가르치면 그 다음에는 당신이 가르친 사람이 다른 사람에게 같은 것을 가르치는 방식으로 확장되는 것입니다.

　특히 여성들이 반드시 이해해야 할 부분은 이 사업이

절대로 직접 판매를 하는 것이 아니라, 저렴한 가격으로 양질의 제품을 구매하는 법을 다른 사람들에게 가르치는 것이라는 점입니다.

이것을 위해 당신이 매주 5~10시간을 투자한다면, 재정적인 독립을 이룰 수 있습니다. 사실, 경제적으로 독립할 수 있다는 것은 당신 스스로의 자존심과 삶에 커다란 영향을 미칠 것입니다.

이 사업은 판매가 아니다

대부분의 사람들은 자기 자신이 직접 판매를 하는 것은 물론이고 누군가 다른 사람에게 판매하기를 강요하는 것도 꺼립니다.

하지만 걱정하지 마십시오. 네트웍 마케팅 사업은 절대로 판매가 아닙니다.

다만, 당신은 당신이 좋아하는 레스토랑을 친구들에게 권유하는 것처럼 네트웍 마케팅 시스템이 가져다 줄 즐거움과 이익을 다른 사람들과 나누면 됩니다.

사실, 판매는 즐거운 일이 아닙니다. 하지만 네트웍 마케팅처럼 강하고 즐겁게 부의 비결을 알려주는 일은 진실로 당신을 성공궤도에 올려놓을 것입니다. 저는 실제로 수줍음이 많고 체구가 작은 어느 노부인이 이 일에 대해 너무 즐거워하고 열정으로 가득 차 있는 것을 본 적이 있습니다.

당신은 당신이 원하는 삶을 살고 싶어합니다.

분명한 사실은 다른 많은 여성들 역시 같은 생각을 하고 있다는 점입니다. 그렇다면 방법은 하나뿐입니다.

당신이 다른 여성에게 자신이 원하는 삶을 살아가는 법을 알려주고 이번에는 그 여성이 자기가 알고 있는 또 다른 여성 중에서 인생을 통해 더 많은 자유와 기회를 원하는 사람에게 그 방법을 알려주고…. 그러면 이러한 연쇄반응은 마치 불꽃놀이처럼 크게 번져나갈 것입니다.

특히 당신 주위에 의욕적이며 긍정적인 사고방식을 지닌 사람들이 많이 있으며 이들이 이미 성공한 사람들과 친분관계를 유지할 준비가 되어 있다면 성공의 가능성은 더욱더 높습니다.

무엇보다 가장 훌륭한 자극제는 당신이 속한 기업이나 그룹 내에서 이미 성공을 거둔 리더들과 친밀한 관계를 유지하는 것입니다. 특히 네트웍 마케팅에서는 그 시스템상 리더들이 다른 사람들도 성공의 꼭대기에 오를 수 있도록 돕고 싶어합니다.

이러한 관계를 서로서로 불신하고 공격하는 전통적인
일반 회사나 직장과 감히 비교할 수 있겠습니까?

얼마나 오랫동안 배워야 하는가?

이 사업을 배우는 데는 시간제 기준으로 볼 때, 보통
하루에 1시간씩 약 6개월에서 1년 정도의 노력이 요구됩
니다. 특히 파트타임(매일 1시간 기준)으로 참여할 경우,
다른 사람들과 기회를 함께 나누고 후원 및 노조를 하면
서 매달 2천에서 만 달러의 수익을 올리려면 약 1년에서
3년 정도의 시간이 필요합니다.

사실 이것은 전적으로 당신이 얼마나 지속적으로 다른
사람들과 정보와 기회를 나누고 얼마나 많은 시간을 이
사업에 헌신할 수 있느냐에 달려 있습니다. 즉, 당신의 참
여도와 활동에 따라 더 오래 걸릴 수도 있고 혹은 짧은
기간 내에 성공을 거둘 수도 있는 것입니다.

다시 한 번 생각해 봅시다.

만약 당신이 지금 하고 있는 일을 꾸준히 지속한다면
몇 년 내에 매달 2천에서 만 달러의 돈을 벌 수 있을까
요? 더군다나 파트타임으로 일하면서?

제가 알고 있는 어느 젊은 여성은 얼마 전 대학을 졸업했습니다. 그녀의 부모는 이 사업에서 성공을 거둔 사업자들이었고 그 여성은 이 사업이 여유 있는 라이프스타일을 가능케 한다는 것을 이미 알고 있었습니다.

그리하여 그녀는 직장을 구해 매일 출퇴근을 하거나 더 많은 봉급을 얻기 위해 몇 십 년 동안 경쟁의 사다리를 애써 올라가는 길 대신, 이 사업에 정규직으로 참여해 시스템을 나누고 가르치는 일을 시작했습니다.

그리고 2년이 지난 후, 그녀는 매달 4만 달러의 돈을 벌게 되었습니다. 그녀는 이 사업을 신뢰했으며 어떠한 의심이나 두려움도 없었습니다. 다만, 그녀는 이 사업에 뛰어들어 열심히 모든 노력을 쏟아 부었을 뿐입니다. 그러한 그녀의 의욕이나 믿음, 참여 그리고 지속적인 활동의 결과로 그녀는 고소득을 얻게 되었습니다.

그렇다면 그녀가 성공할 수 있었던 비결은 무엇일까요? 그녀는 간단하지만 강력한 기술, 즉 나눔과 후원, 가르침과 보조를 습득했습니다. 그녀가 이들 네 분야를 배울 수 있었던 것은 그녀에게 다른 이들을 위하는 마음이 있었기 때문입니다.

그녀는 다른 사람들이 우수한 제품들을 발견하도록 관심을 기울였으며 이 사업이 그녀의 개인적인 승리를 가져

왔다는 것을 다른 사람들에게 알려주고 그들도 이 분야에서 성공하도록 도왔습니다.

당신 역시 할 수 있습니다.

어떤 여성이든 그녀의 성공 혹은 저의 성공 그리고 네트웍 마케팅에 참여하여 재정적 자유의 길을 발견한 다른 수천 명의 여성들의 성공을 그대로 모방할 수 있습니다.

마음을 열고 기회를 인식하라

주변을 돌아보십시오. 얼마나 많은 여성들이 직장생활을 하고 있는지 살펴보십시오. 그러면 누가 이들의 아이들을 양육하고 있습니까? 불행하게도 직장여성들의 대부분은 아이들을 타인의 손에 맡겨 양육하고 있는데, 그들은 부모의 보살핌이나 염려에 훨씬 못 미치는 애정을 쏟고 있습니다.

그리고 그렇게 성장한 아이들 중에는 간혹 쿠정적이거나 파괴적인 성향을 보이는 경우도 있으며 그것은 평생동안 그들의 인생에 영향을 미치게 됩니다.

제가 알기로 네트웍 마케팅은 1~5년 이내에 충분한 수입을 보장해 줌으로써 여성들로 하여금 가정에 머물며 아이들을 양육하는 동시에 재정적으로 가정에 커다란 도움을 줄 수 있도록 해주는 유일한 방법입니다.

따라서 이 사업은 당신의 가정과 결혼생활 그리고 재정적인 면에 있어서 커다란 변화를 가져올 것입니다. 그리고 이 사업은 수많은 가정들을 위해 더 나은 세상을 만들어 나갈 것입니다.

원하는 곳에서 살 수 있다는 것

이러한 이야기를 하다 보니 당신이 어디에 사는지 궁금해지는군요. 요즘은 많은 사람들이 복잡하고 오염된 대도시를 떠나 중소도시나 혹은 시골로 이사를 하고 있습니다. 즉, 팩스, 전화, 컴퓨터, DM(direct mail), 080 서비스 등을 통한 홈쇼핑이 발달하자 도시의 복잡함을 벗어나 좀 더 조용하고 평화로운 지역으로 옮겨가고 있는 것입니다.

그들은 인생을 보다 느린 속도로 살아가기를 원합니다. 동시에 보다 안전한 지역 및 학교를 원하며 보다 여유 있는 환경에서 살고 싶어합니다. 또한 이들은 가족과 마을 그리고 삶의 질에 대해 신경 쓰는 이웃들과 함께 지내기를 원합니다. 그렇기 때문에 도시로부터의 대이동이 진행되고 있는 것입니다.

이러한 현상에 네트웍 마케팅 역시 한 몫을 하고 있습니다. 즉, 네트웍 마케팅은 사람들이 어느 곳에서든 수입을 올릴 수 있는 재정적 기구, 방법, 수단 등을 제공하기 때문에 사람들은 장소에 구애받지 않고 그들이 원하는 라이프스타일을 추구할 수 있는 것입니다.

당신의 목표를 성취하는 데 있어서 이보다 더 간단하고 강력한 기회는 아마 없을 것입니다. 그리고 매달 수천 명의 사람들이 이 방법을 발견하고 있습니다.

이것은 세계가 가야 할 길입니다.

네트웍 마케팅에서는 다른 사람들이 성공할 수 있도록 서로를 도와주며 서로 나눔으로써 얻어지는 수입이 삶의 자유를 만들어주고 그로 인해 사람들은 다른 중요한 일들을 추구할 수 있게 됩니다. 예를 들면 가정이나 교회, 정치, 자원봉사, 환경 문제 등 자신이 원하는 어떤 일이든 할 수 있는 것입니다.

당신에게 충분한 시간이 있고 금전문제가 걸림돌이 되지 않을 경우에만 이러한 일들을 할 수 있다는 것을 명심하십시오. 네트웍 마케팅은 당신에게 충분한 시간과 더불어 재정적인 안정을 제공합니다. 반면, 기존의 일반적인 직업 및 사업들은 이러한 것을 한꺼번에 제공하지 못합니다. 그렇기 때문에 네트웍 마케팅이 매력적인 것입니다.

이 사업은 재미있고 누구나 할 수 있으며 무엇보다 재정적 자유를 줍니다.

당신은 당신의 선택으로 이 모든 것을 가질 수 있습니다.

가난의 굴레에서 벗어나는 지름길

남편 돈과 제가 결혼생활을 시작했을 때, 우리들 수중에는 단 한 푼도 없었습니다. 말 그대로 빈털터리였죠. 낡아빠진 고물 토요타 자동차 한 대와 작은 아파트가 가진 것의 전부였습니다. 여기에 아이들까지 태어나 두 명의 아들을 두게 되었죠. 물론 저희 부부는 개미처럼 부지런히 일했습니다. 그래도 생활은 그다지 나아지지 않았죠.

늘 적자 투성이의 가계부를 메우느라 허리가 휠 지경이었습니다.

지금 저는 사람들에게 '당신이 원하는 삶을 살게 되었을 때, 당신은 무엇을 할 것입니까?'라고 묻곤 합니다. 그 이유는 누구든 네트웍 마케팅에 참여하면 자신이 바라는 이상적인 생활을 현실화시킬 기회를 얻을 수 있기 때문입니다. 입고 싶은 옷을 마음껏 입고 또한 가고 싶은 곳을 마음껏 갈 수도 있습니다.

제가 이 사업을 시작한 후 남편과 함께 처음으로 찬스 미팅에 참여했을 때, 연설자는 참석자들 모두가 세계의 해변 곳곳을 거니는 모습을 묘사했습니다. 물론 저 역시 아름다운 해변을 거닐고 싶었습니다.

하지만 그 당시 우리는 월말에 지불해야 할 세금 딩 카드 결제비 조차 없는 상태였습니다. 우리는 뭔가 더 나은 방법을 찾아야만 했습니다. 그래서 이 사업에 열심히 매달렸죠.

마침내 우리가 재정적 성공을 거두게 되자, 우리는 가능한 한 많은 수의 사람들에게 '그들 역시 할 수 있다'는 것을 보여주고 싶었습니다.

당신 역시 일단 성공자의 반열에 올라서면 그 성공비결을 친구나 친척들 즉, 당신이 좋아하는 사람들과 나누고 싶어질 것입니다.

무엇보다 반가운 소식은 점점 더 많은 젊은이들이 이 사업에 참여하고 있다는 것입니다. 왜냐하면 그들은 학위를 얻기 위해 대학에서 4~6년 동안 4만~10만 달러를 투자해도 사회에 나와 그들이 원하는 직업을 얻기가 하늘의 별 따기라는 것을 알고 있기 때문입니다.

이것은 끔찍한 현실입니다.

실제로 사무직과 노동직에서 많은 사람들이 직업을 잃고 있으며 직업경쟁은 날이 갈수록 첨예화하고 있습니다. 그렇기 때문에 많은 사람들이 가정에 기반을 둔 사업으로 눈을 돌리는 것입니다.

여기서 잠깐 제 친구 메리에 대한 이야기를 들려드리겠습니다.

캘리포니아 남부에 살고 있는 메리는 매우 뛰어난 사람으로 정장보다는 수수한 차림을 좋아합니다. 그리고 스스로 아이들을 돌보고 있으며 네트웍 마케팅을 재택사업으로 시작하여 여섯 자리의 수입을 올리고 있습니다.

그녀는 늘 아이들과 함께 하며 편안한 장소에서 사업을 전개하기 때문에 굳이 정장차림이 필요 없고 또한 긴장감을 느낄 필요도 없습니다.

참으로 여유 있고 즐거운 삶이라고 생각지 않습니까?

메리의 수입이 여섯 자리에 도달한 후, 그녀의 남편 마이클은 스트레스로 점철된 직업을 그만둘 수 있었습니다. 현재 그들 두 사람은 그녀가 맡은 프로그램을 함께 운영하고 있습니다.

그들 부부는 늘 자녀와 함께 시간을 보내며 언제든 그

들이 원하는 것을 할 수 있을 정도로 충분한 돈을 갖고 있습니다. 때로는 가족끼리 여행을 떠나기도 하는데 참으로 행복해 보입니다.

자신이 선택한 파트너와 함께 일할 수 있고 또한 좋은 일들을 함께 경험할 수 있다는 것은 보기 드문 좋은 기회입니다. 당신에게는 진실로 좋아하는 사람들과 함께 시간을 보낼 권리가 있습니다.

당신은 어떠한지 모르겠지만 저는 직장에서 일하고 있을 때, 직장동료나 상사에게 그리 좋은 감정을 갖고 있지 못했습니다.

하지만 네트웍 마케팅에서는 당신이 함께 일하고 싶거나 혹은 당신이 신뢰하는 사람들과 일할 수 있습니다. 한마디로 말해 선택의 기회를 갖게 되는 것입니다. 그러므로 만약 당신이 긍정적이고 열심히 노력하는 사람들과 함께 일하기를 원한다면 그것은 얼마든지 가능합니다.

제가 직장생활을 할 때, 저는 부정적이고 우울한 사람들과 하루종일 얼굴을 맞대고 일해야 했습니다. 하지만 이제는 그럴 필요가 없습니다.

이 사업을 선택하면 당신은 캐주얼 하게 옷을 입든 아니면 정장차림을 하든 옷 입는 방식은 아무런 문제도 되지 않습니다. 어떤 옷차림을 하든 당신은 성공할 수 있습니다. 제 남편은 꽤 오래 전부터 하와이 풍의 셔츠를 즐겨 입기 시작했는데, 지금은 가는 곳마다 그런 셔츠를 입고 다닙니다.

언젠가 제가 뉴욕의 맨해튼에서 세미나를 가졌을 때, 모든 행사가 끝난 후 저에게 다가와 말을 건넸던 한 여성이 기억나는군요.

"낸시, 나는 당신의 심정을 잘 이해할 수 있어요. 나는 맨해튼 중심 가에 위치한 한 은행의 부사장 직을 맡고 있지요. 물론 연봉이 10만 달러에 이르지만 내가 진정으로 원하는 일들을 할 시간이 전혀 없어요."

그러더니 한숨을 쉬면서 이렇게 덧붙였습니다.

"나는 정말로 내 가정을 꾸리고 싶어요."

그러면서 그녀는 자신이 이성과 만날 시간조차 없다고 했습니다. 이러한 인생이 무슨 의미가 있겠습니까? 그리고 그녀는 다음 날 아침 일찍 시카고로 가는 비행기를 타야했기 때문에 더 이상 이야기를 나누지 못하고 바쁘게 자리를 뜰 수밖에 없었습니다.

그녀는 매주 60~70시간을 일하며 자신의 인생을 회사에 맡기고 있었습니다. 그러한 그녀가 매우 수입이 높았음에도 불구하고 파트타임으로 이 사업을 시작하기로 결심한 이유는 이 사업을 통해 얼마든지 그 정도의 수입을 얻을 수 있으며 또한 거기에는 어떠한 한계도 없다는 것을 알았기 때문입니다.

하지만 그녀가 무엇보다 중요하게 생각한 것은 '자신이 원하는 일을 할 수 있는 충분한 시간'이 주어진다는 사실이었습니다.

갈수록 점점 더 많은 전문직 종사자들이 과도한 스트레스와 버거운 업무로 가득 찬 기업세계를 떠나 네트웍 마케팅 세계로 뛰어들고 있습니다. 동시에 그들은 그들의 전문성을 그대로 살릴 수도 있습니다.

네트웍 마케팅만이 당신에게 모든 것을 제공할 수 있습니다. 충분한 시간과 재정적 자유는 당신이 원하는 삶을 즐기도록 해줍니다.

제가 가는 곳 어디에서든 저는 스트레스에 시달리는 사람들을 만납니다. 그리고 그러한 스트레스는 세계 곳곳에서 많은 사람들을 죽게 하거나 지치게 만듭니다.

어린 시절, 저는 부모님으로부터 오래된 직업 윤리관을 믿도록 교육받았습니다. 그 윤리관은 누구든 열심히 일하고 땀흘려 노력하면 성공할 수 있다는 것입니다. 그러나 슬프게도 우리는 그것이 더 이상 사실이 아님을 알고 있습니다. 그렇지 않은가요?

최근에 만난 어느 여성은 저에게 이렇게 말하더군요.

"저는 한 회사에서 30여년 동안이나 일했어요. 제 인생의 전부를 바친 셈이죠. 저는 아직 결혼도 못했고 가정을 꾸려본 적도 없어요. 그 회사가 제 인생의 전부였죠."

그럼에도 불구하고 그녀는 결국 해고당했습니다. 그리고 이러한 사례는 이제 우리에게 흔한 일이 되고 말았습니다. 고용인에 대한 기업의 책임감은 더 이상 존재하지 않습니다.

지금은 커뮤니케이션 네트웍이 모든 것을 변화시키고 있죠. 따라서 오늘날을 살아가는 우리는 굳이 열심히 일할 필요가 없습니다. 다만, 영리하게 일하는 법을 배우면 됩니다. 이것이 바로 최신의 경향입니다.

그리고 가정에 기반을 둔 사업이 그러한 새 물결을 주도하고 있습니다. 물론 당신이 사랑하는 사람들이나 친구들이 이러한 흐름을 아직 깨닫지 못했다고 해도 너무 걱정하지 마십시오. 그들은 곧 이 사업이 주는 이점을 알아차리게 될 것입니다.

지금은 그저 인내심을 갖고 꾸준히 일하십시오.

장담하건대 당신의 수입이 점점 늘어날수록 그들 역시 당신을 이해하게 될 것입니다.

타이밍이 중요하다

지금이 바로 이 사업에 뛰어들어 전진할 시점입니다. 왜냐하면 앞으로 10여년 동안 이 사업은 급속드로 팽창할 것이기 때문입니다. 그리고 10여년이 지나면 사람들은 네트웍 마케팅에 대해 보다 잘 이해하게 될 뿐만 아니라, 여기에 참여하기 위해 줄을 설 것입니다.

당신의 수입이 증가하고 라이프스타일이 변화되는 것을 보게 된다면 의심하던 사람들도 이 사업을 신뢰하게 되는 것입니다. 하지만 가족 중에서 어느 한 사람이라도 이러한 흐름을 이해하고 있다면 문제될 것은 없습니다.

특히 이 사업은 나이가 지긋하신 분들도 얼마든지 할 수 있다는 장점이 있습니다. 나이 드신 분들은 대부분 그들의 손자들을 만나 즐거운 시간을 보내는 것이 소원이라고 합니다.

물론 그들은 충분한 시간을 갖고 있습니다. 하지만 손자들을 만나러 가기 위한 경비가 없을 뿐입니다. 그러나 정년퇴직 후에 이 사업에 참여한 많은 분들은 경제적인 어려움을 겪지 않기 때문에 언제나 원하는 것을 마음대로 할 수 있습니다.

다른 어떤 사업이 이러한 일을 가능하게 할 수 있습니까!

저는 이 사업을 제대로 이해하고 신뢰하기만 한다면 어떤 사람일지라도 이 사업에 참여할 수 있다고 진심으로 믿습니다. 어떤 사람들은 돈 때문에 그리고 또 다른 사람들은 저렴하게 우수한 품질의 제품을 이용하기 위해 이 사업에 참여합니다.

우리가 하는 일은 가능한 한 많은 사람들이 이 사업을 이해하도록 돕는 것입니다. 물론 우리는 이 사업을 통해 사람들이 어느 정도의 수입을 올리는지 알고 있습니다. 그들 중에서 일부는 좀더 이 사업에 집중할 필요가 있을지도 모릅니다. 아직 원하던 수준에 이르지 못했다면, 사업도구들을 다른 사람들에게 소개하는 법을 배움으로써 보다 현명하고 빠르게 일하는 법을 배우십시오.

저는 제가 일반적인 직장에 다니던 시절, 아침 6시에 자명종을 끄고 일어날 때의 기분이 어떠했는지 지금도 선명하게 기억하고 있습니다. 그 당시 저는 차에 올라타 45분 동안이나 교통체증을 뚫고 출근을 해야 했습니다. 물론 그것은 제가 원하던 삶의 방식이 아니었습니다.

하지만 네트웍 마케팅은 그야말로 즐거움과 친구들 그리고 재정적인 자유를 의미합니다. 그리고 그것은 모든 사람들이 원하는 것입니다. 더불어 자기 자신을 위혀서뿐만 아니라 가족 및 친구, 그들이 가장 아끼는 모든 이들을 위해서 말입니다.

네트웍 마케팅 사업자에게는 선택의 자유가 있습니다. 원한다면 아침에 일찍 일어날 수도 있고 아니면 늦은 시간까지 침대 위에서 뒹굴 수도 있습니다. 왜냐하면 재택근무로 일반적인 직장에서 벌어들이는 수입만큼 혹은 그 이상 벌어들일 수 있기 때문입니다.

모든 네트웍 마케팅 사업자는 그들만의 기회를 얻을 수 있습니다. 또한 누구든 숭고한 임무를 띠고 인생에서 보다 커다란 뭔가를 성취할 수 있습니다.

더불어 어떤 여성이든 먹고살기 위해 억지로 하는 일보다 훨씬 더 중요한 일을 할 수 있는 시간과 돈을 가질 수 있습니다.

결국 이 기회를 가질 수 있다는 것은 한 개인에게 있어 엄청난 행운이라 할 수 있습니다.

균형 잡힌 삶

당신이 이 사업에 참여한다면 당신은 보다 균형 잡힌 삶을 살 수 있을 것입니다. 사실, 삶의 균형을 잡는다는 것은 대단히 중요한 일 아닙니까?

대부분의 사람들은 삶의 균형을 잃고 살아갑니다.

그들은 늘 일에 얽매여 직장으로 출퇴근을 해야 합니다. 그렇다면 그들은 나머지 시간에 무엇을 할까요?

그들은 불평만 늘어놓습니다!

어떤 곳이든 가까운 커피숍에 들어가 보십시오. 삶에 대한 부정적인 이야기들은 어디서든 들을 수 있을 것입니다. 그렇지 않습니까?

이러한 사람들은 자신의 가치에 비해 충분한 수입을 얻지 못하는 현실에 넌더리를 내고 있습니다. 그들은 삶에 지치고 스트레스에 짓눌려 있는 것입니다.

하지만 더 나은 방법이 있다는 사실을 인식하십시오.

바로 그러한 이유 때문에 그런 사람들에게 이 기회를 주는 것이 저의 임무이고 또한 당신의 임무가 될지도 모릅니다.

이것은 인생에 있어 단 한 번뿐인 선물입니다.

당신이 어떤 다른 일을 통해 이러한 고소득의 기회를

얻고 자유를 획득하며 당신이 가장 소중하게 생각하는 일을 할 수 있을까요?

이 사업은 전적으로 당신의 것이므로 당신은 하나의 독립된 사업자입니다. 그러므로 당신이 노력한 만큼 대가를 얻을 수 있으며 그 어떤 제재도 받지 않습니다. 그리고 당신이 하고 싶은 일이 무엇이든 어떠한 공헌을 하고 싶든 당신은 그것을 할 수 있는 재정적·시간적 자유를 얻게 될 것입니다.

그것은 매우 기쁜 일입니다.

당신의 목표는 무엇인가?

제 목표 중의 하나는 지금 제가 전하는 메시지를 보다 더 많은 사람들에게 전달하기 위해 '자유롭고 건강한 라이프스타일'이라는 이름의 주간 케이블 TV 프로그램을 만드는 것입니다.

저는 그 프로그램을 통해 가정에 기반을 둔 사업을 일궈낸 성공적인 사업자들을 소개할 것입니다. 당신이나 저 같은 평범한 사람들 말입니다. 그리고 저는 그들에게 재정적·시간적 자유를 얻기 전에는 그들의 삶이 어떠했는지를 물어볼 것입니다. 그 다음에 지금의 삶이 어떠한지에 대해 말해주도록 요청할 것입니다.

그러한 방법을 통해 '자유롭고 건강한 라이프스타일' 프로그램을 시청하는 모든 사람들은 자신도 성공할 수 있다는 것을 깨닫게 될 것입니다. 왜냐하면 그 프로그램에는 온갖 종류의 다양한 삶을 살아오다가 이 사업에 참여하여 성공을 일군 사람들이 등장하기 때문입니다.

그들은 이 사업에 참여한 후, 자신은 물론이고 가족을 위해 새로운 라이프스타일을 창조한 것입니다.

최근, 라스베가스에서 열린 연간 프로그램에서 저는 기혼 및 미혼자들에게 몇 가지 질문을 던져보았습니다. 즉, 그들이 무엇을 하며 사는지 그리고 목표가 무엇인지 물어본 것입니다. 저는 그들이 꿈에 그리던 집과 이상적인 자동차에 대해 이야기하는 것을 들었습니다. 하지만 그 중에서도 아이들을 위해 지어진 새 집에 대한 이야기가 흥미로웠습니다.

그 자리에는 브라질에서 수질보호를 위해 활동하고 있는 남성, 성경학교 교사, 성직자 등 다양한 직업에 종사하는 사람들이 참석했으며 그들 모두는 자신의 인생뿐만 아니라 다른 수천 명의 인생을 변화시킬 수 있는 삶을 원했습니다. 더불어 그들은 그 일을 직접 하고 있었습니다.

이러한 프로그램의 목적은 모든 이들이 네트웍 마케팅 사업의 수준을 더욱더 확실하게 깨닫도록 만드는 데 있습니다. 그리하여 그들은 다른 사람들을 돕고 그들의 삶을 개선시킴으로써 자신이 타인에게 제공할 수 있는 광범위한 가능성을 엿보게 됩니다.

네트웍 마케팅에 관련된 기업들이 제공하는 제품 및 서비스는 단지 보너스일 뿐입니다. 그들은 모두 우수한 제품 및 서비스를 제공합니다. 이들 제품은 우리를 더 멋지게 보이도록 하거나 더 기분 좋게 만들거나 혹은 더 많은 에너지를 줍니다. 한 마디로 이들 제품은 우리의 인생을 더 쉽고 더 재미있게 만듭니다.

이 사업에서는 당신이 다음으로 만나게 될 가장 친한 친구가 어디에서 나타날지 전혀 예측할 수 없습니다. 아마도 당신은 온갖 종류의 인생을 겪어온 다양한 계층의 사람들을 만나게 될 것입니다.

이 사업이 흥미로운 또 다른 이유는 당신이 어떤 최고의 아이디어를 생각해 낼지 추측할 수 없다는 점입니다. 왜냐하면 당신은 언제나 뭔가 새로운 것을 배우게 되므로 당신의 개인적 자각 및 자신감이 자라나기 때문입니다.

어떤 직업을 선택한 후, 주위의 부정적이고 천편일률적

인 직장 동료들과 함께 일하는 대부분의 사람들은 제가 방금 언급한 것을 절대로 경험할 수 없습니다. 따라서 그들은 좀더 성장하여 인생에서 더 높은 수준으로 올라설 수 없습니다.

지금쯤 당신은 제가 이 사업에서 커다란 즐거움을 느끼고 있다는 사실을 알아차렸을 것입니다. 다시 한 번 말하지만 과거에는 저 역시 제가 원하는 삶을 살지 못했습니다. 그리하여 저는 지겹고도 미래가 보이지 않는 많은 직업들을 전전했습니다. 그리고 그 직업을 통해 저의 가치만큼 수입을 얻지 못했습니다.

성공을 추구하라

70년대에『성공을 위한 옷차림』이라는 책이 출간되어 많은 여성들의 호응을 얻었던 적이 있습니다. 저 역시 그 책을 읽은 후, 곧바로 비즈니스 정장과 가죽 서류가방을 구입했습니다. 물론 정장을 차려입은 제 모습은 무척 세련되어 보였고 드디어 한 주식회사에 취직을 하였습니다.

하지만 일을 시작하자마자 저는 직위를 위해 경쟁하는 여성들은 물론이고 심지어 남성 전문가들을 위한 공간조차 없다는 것을 깨달았습니다.

마찬가지로 일반기업에서는 오늘날에도 사장은 단 한 명뿐입니다. 그 다음에 약간의 부사장과 몇 명의 과장급이 존재하고 나머지는 평사원입니다. 당신은 어떠했는지 모르지만 제가 다니던 직장에서는 많은 사람들이 그저 평사원으로 만족하며 자리를 잡아가고 있었습니다.

그것은 평범함 혹은 하찮은 것에 만족하는 수준이었습니다. 그리하여 그들은 월급을 받고 그저 해고되지 않을 정도로만 적당히 일했습니다.

하지만 이들은 현재 모두 해고되고 말았습니다.

물론 앞으로 더 나아가기 위해 목표와 의욕을 가진 사람들도 있었습니다. 그러나 그들은 과도한 스트레스로 인해 실패하고 말았습니다. 일반 기업 내에는 강한 열정으로 정상에 오르려는 수많은 사람들을 위한 자리가 충분치 않습니다.

반면, 네트웍 마케팅에서는 누구든 정상에 올라설 수 있습니다. 여기에는 모든 사람들이 정상에 오를 수 있을 정도로 충분한 공간이 있습니다. 이것에는 전혀 제한이 없습니다. 어느 누구도 당신을 제지하지 않을 것입니다. 이를 실현시키기 위해 당신이 해야 할 일은 당신의 사업을 원하는 만큼 크게 개발하는 것뿐입니다.

이 사업에서는 당신의 봉급인상 여부가 당신 자신의

결정에 달려 있습니다.

저는 지금 제가 원하는 만큼의 수익을 벌고 있습니다. 제가 좀더 많은 수익을 원한다면 저는 언제든 오디오·비디오 테이프 몇 개와 소책자 약간을 평소보다 조금 더 나눠주거나 우편으로 부칩니다. 그러면 더 많은 수의 여성들이 저와 합류하고 그들의 수익이 늘어남에 따라 제 수익도 늘어나게 됩니다.

좀더 많은 돈을 벌고 싶다면 제가 방금 말한 대로 하면 됩니다. 만약 스트레스나 승진기회의 박탈 혹은 해고에 대처해야 하는 삶 속에서 가장 뛰어난 보험을 원한다면, 이 사업이 가져다주는 부수입은 당신에게 그 해답을 알려줄 것입니다.

제 남편 돈은 지난 5월에 심장과 관련된 큰 수술을 받았습니다. 그리고 그가 병에서 회복하는 한 달 동안 우리는 전혀 이 일에 손을 댈 수가 없었습니다.

그런데 그 달에 저희가 커미션으로 받은 금액이 그 전달보다 많았다는 사실에 대해 어떻게 생각합니까? 그 당시 저희는 아무 일도 할 수 없는 상태였습니다.

당신의 직업이 이런 종류의 것입니까?

당신의 사업이 이런 종류의 것입니까?

이 사업은 한 번 기반을 잡게 되면 설사 당신이 원한다 할지라도 그 사업을 멈추는 것이 불가능합니다. 그 원리는 마치 산꼭대기에서 눈덩이를 굴리는 것과 마찬가지입니다. 물론 처음에는 이 사업을 제대로 시작하기 위해 많은 노력이 필요할 것입니다. 그러나 일정 시간이 경과된 후, 이 사업은 스스로 운영되기 시작합니다. 그 다음에는 사업이 대규모로 성장하여 엄청난 재산을 만들어 줍니다.

　어쩌면 성장이 더디게 일어날 수도 있습니다. 하지만 당신이 인내심을 발휘하여 끈기 있게 추진한다면 수입은 점점 늘어나게 됩니다. 그로 인해 평생 유지될 수 있는 안정성이 생기게 되는 것입니다.

　그 수익으로 당신은 다른 곳에 투자할 수도 있습니다. 그 후, 당신의 부는 영원히 증식을 계속하게 됩니다.

　제리라는 제 친구는 언제나 골프 셔츠에 골프 바지를 입고 다닙니다. 그는 원하는 목표를 달성하게 되면 매일 오후마다 골프를 치러 갈 것이라고 합니다.

　만약 돈과 시간이 충분하다면, 당신은 무슨 일을 하겠습니까?

　저의 또 다른 친구 진은 말을 사랑합니다.

　마침내 네트웍 마케팅을 통해 매달 다섯 자리 숫자의 수입을 올리게 된 그녀는 가장 좋아하는 말들을 모아 마구간을 지었습니다. 그리고 그녀는 원할 때면 언제든 승마를 하러 나갑니다.

시간적 · 재정적 자유를 소유한다는 것

네트웍 마케팅 사업자는 누구든 많은 자유시간을 누립니다. 당신의 직업은 얼마나 많은 자유시간을 허용합니까? 만약 당신이 일반적인 사업을 운영하고 있다면 당신은 매일 오후를 여유 있게 쉬면서 보낼 수 있습니까? 아니면 한 달 동안 휴가를 연장할 수 있습니까?

예를 들어 당신이 전문직에 종사하고 있다면 세계의 명승지 및 유적과 역사적 보고를 여행하는 6주 동안 완전히 일에서 벗어날 수 있습니까?

생각해 보십시오.

이 사업이 제공할 수 있는 것처럼 재정적 · 시간적 자유를 누릴 수 있는 일이 또 어디 있습니까?

이것이 바로 많은 사람들이 이 사업에 참여하는 가장 큰 이유 중의 하나입니다. 왜냐하면 그들 스스로의 시간을 조절할 능력이 주어지기 때문입니다. 인생은 빠르게 지나가지 않습니까? 인생은 우리가 생각하는 것보다 더 빠른 속도로 지나갑니다.

그럼에도 불구하고 대부분의 사람들은 꿈을 잃고 살아갑니다. 우리의 꿈은 9시 출근, 5시 퇴근이라는 직장의 틀에 갇혀 버렸습니다. 그러면서도 스스로의 가치보다 혹은 필요로 하는 것보다 훨씬 더 적은 양의 돈을 벌고 있습니다. 이미 돈은 다 떨어졌는데 월급날은 까마득한 나날의 연속입니다.

여기에는 너무나 많은 타협과 희생이 요구됩니다.

그렇다고 당신의 인생이 계속 이렇게 흘러가야 하는 것은 아닙니다. 이제 바꾸십시오. 지금은 당신의 남은 인생을 변화시키고 진정으로 인생을 즐기기 시작해야 할 때입니다.

결국 모든 문제는 선택과 더불어 그것을 실행하는 데 달려 있습니다. 그리고 이 사업에는 누구든 어떤 여성이든 참여할 수 있습니다.

최근, 저는 하와이에서 열린 전국회의에 참여했는데 그곳에서 '어떤 여성이든 할 수 있다'는 말이 가슴에 와 닿는 이야기를 들었습니다.

태국 출신의 그 여성은 자리에서 일어나 자신의 이야기를 들려주었습니다. 불과 2년 전만 해도 그녀는 고향에서 매달 130달러를 버는 게 고작이었다고 합니다. 그러던 어느 날 그녀에게 자신만의 가정에 기반을 둔 사업을 세울 기회가 주어졌습니다. 그리하여 그 작고 수줍음 많은 여성은 지금 매달 2만 달러를 벌고 있습니다.

물론 지금의 그녀는 2년 전의 그녀입니다. 다만 그녀에게 강력한 기회가 주어졌을 뿐입니다.

하지만 아직도 많은 여성들이 이러한 기회가 존재한다는 사실조차 깨닫지 못하고 있습니다. 그렇기 때문에 그 태국 여성이나 저처럼 이러한 기회를 얻은 여성들은 연단에 서서 새롭게 발견한 자신감과 열정을 가지고 이렇게 외칩니다.

"여성 여러분! 어서 이 사업에 참여하세요. 수입이 아주 괜찮습니다."

당신이 어느 한 여성에게 이 기회를 전해준다면 장담하건대 그 이후에는 아무 것도 그녀를 막을 수 없을 것입니다.

이 사업은 자유와 우수한 삶의 질을 표방합니다. 이 사업은 남성중심의 세계가 아닙니다. 모든 사람들을 위해 열린 세계입니다. 따라서 여성들도 남성들 못지 않게 성공을 거둘 수 있습니다.

실제로 남성보다 훨씬 더 크게 성공한 여성들은 헤아

릴 수 없을 정도로 많이 있습니다.

이 사업은 여성에게 다시없는 좋은 기회입니다.

사실, 여성들은 너무나도 오랫동안 제재를 당해 왔습니다. 이 사업에 참여하십시오. 그러면 얼마 지나지 않아 스스로 원하는 만큼의 대규모 사업체계를 건설할 수 있다는 것을 실감할 것입니다.

어떠한 두려움도 염려도 갖지 마십시오.

당신과 함께 일할 보조 팀이 당신을 도와줄 것입니다. 또한 간단히 모방할 수 있는 시스템도 있습니다. 더불어 삶의 질을 더 향상시킬 제품 및 서비스도 갖게 됩니다.

이것은 간단하고 매우 쉬운 운영방식입니다.

또한 당신은 누군가를 설득하기 위해 애써 말할 필요가 없습니다. 왜냐하면 광범위한 고가치 정보 도구들이 당신을 도울 것이기 때문입니다.

누구든 이 사업에 참여할 수 있다

이 사업에서 운이 없다는 것은 문제가 되지 않으며 심지어 변명조차 되지 않습니다. 세계 곳곳에서 저는 시력이나 청력 혹은 육체적 기능을 상실하는 등의 다양한 개인적 불행을 극복하고 최고의 수익을 올리는 사람들을 많이 만나보았습니다.

이러한 장애는 중요치 않습니다. 중요한 것은 의욕입니다. 의욕을 지니십시오.

최근, 저는 여성들이 회사를 떠나기를 희망한다는 기사를 읽었습니다. 물론 여성들이 가정에 머물면서 고수익을 올릴 수 있다면 이것은 바람직한 경향이라고 할 수 있습니다.

그리고 저는 당신이 2~5년 동안 매일 한 시간씩의 노력을 투자한다면 생각하는 것보다 훨씬 더 많은 수입을 올릴 수 있다는 것을 잘 알고 있습니다.

당신은 단순히 이 메시지를 다른 사람들과 함께 나눔으로써 혹은 생계를 위해 돈을 벌어야 하는 문제를 해결할 수 있음을 더 많은 여성들에게 알림으로써 고수익을 올릴 수 있습니다.

네트웍 마케팅은 지금 당장 집에서 편안하게 시작할 수 있는 독립된 하나의 사업체입니다. 심지어 내성적이고 수줍음이 많은 사람들도 그들의 스폰서나 업 라인의 도움을 얻고 유용한 도구들을 사용한다면 반드시 성공할 수 있습니다.

우리가 하는 일

남편과 저는 이제 우리가 원하는 만큼 여행을 다닐 수 있는 재정적 능력을 갖추고 있습니다. 그러면서 많은 사람을 만나게 되지요.

저는 가끔 커피숍이나 레스토랑에서 사람들을 만납니다. 그럴 때, 저는 늘 제가 관계하고 있는 회사의 제품 중 일부를 갖고 다닙니다. 그러면 틀림없이 누군가가 저를 주시하고 있다가 이렇게 묻곤 합니다.

"이게 뭐죠? 당신은 무슨 일을 하시나요?"

그러면 저는 언제나 이렇게 대답합니다.

"당신이 스스로 원하는 삶을 살고자 할 때, 그 답을 알려드리죠."

저는 다른 사람들이 기존의 직업 및 라이프스타일을 과감히 버리는 것에 대해 그다지 진지하게 고민하지 않는 한, 그 사람을 책임지고 또한 제 프로그램을 소개하여 훈련받게 하고 싶지 않습니다. 그런데 기존의 직업과 라이프스타일을 버리고 싶어하지 않는 사람들이 얼마나 많은지 아십니까! 그것을 알고 나면 당신은 깜짝 놀라고 말 것입니다.

저는 특정한 사람이 '평생동안' 기존의 틀에 얽매여 살아갈 사람인지 아닌지를 즉석에서 판별할 수 있습니다. 이러한 사람은 보통 '아, 그래요?'라는 식으로 반응할 뿐, 이 사업을 완전히 이해하기 위해 더 많은 질문을 해오지 않습니다.

의욕을 가지고 궁금증을 풀고자 하는 사람들은 '자신이 원하는 삶을 살아간다는 것'이 무엇인지 분명한 의미를 저에게 되묻습니다.

그러면 저는 '당신이 원하는 라이프스타일을 영위하기 위해 필요한 시간과 돈을 갖는 것'이라고 말합니다. 그런 다음 만약 그들이 스스로 원하는 삶을 살게 된다면 무엇을 하고 싶은지 물어봅니다.

이때, 저는 그 사람이 자신의 인생의 틀에서 벗어나고자 하는지 아닌지를 1~2분 내에 판별할 수 있습니다. 만약 그가 현재의 상태에서 벗어나고자 한다면, 저는 이 사업 시스템의 세부사항들을 설명해 줄 첫 단계의 도구들을 그들에게 직접 건네주거나 우편으로 보냅니다.

그러한 전문적 책자 및 테이프들은 저보다 훨씬 더 잘 설명해 줄 수 있기 때문에 제가 세부사항들을 직접 설명할 필요는 없습니다. 매우 간단하죠?

저는 이러한 방식을 '현명하게 일하는 법' 그리고 '빠르게 자리잡는 것'이라 부릅니다.

당신이 알아두어야 할 점은 여기서 제가 그들에게 제품에 대해 어떠한 언급도 하지 않았다는 사실입니다. 이 단계에서는 제가 가지고 있는 제품이나 회사 제품을 팔려고 시도하지 않습니다. 왜냐하면 이 단계에서 중요한 것은 제품이나 서비스 혹은 당신이 일하는 회사가 아니기 때문입니다. 저는 단지 진정으로 인생의 전환점을 원하는 사람들을 찾고 있을 뿐입니다. 그리하여 그들이 지름길 (Fast Track)을 통해 그 전환점에 가까이 다가가도록 도와줄 뿐입니다.

세상에 존재하는 모든 수입의 원천은 제품 및 서비스를 필요로 하고 또한 사용하는 사람들에게 그것을 공급하는데 있습니다.

그러한 의미에서 볼 때, 우리는 모두 소비자입니다. 그리고 우리가 뭔가를 소비할 때, 이윤이 만들어집니다. 당신은 이미 이러한 원리를 알고 있을 것입니다.

이것은 네트웍 마케팅 역시 마찬가지입니다.

물론 이 기회가 세상의 많은 사람들에게 엄청난 영향을 미칠 수 있다는 사실을 당신이 지금 당장 이해할 것이라고 기대하지는 않습니다.

하지만 당신의 가족이나 친구뿐만 아니라, 세계 곳곳의

몇 백, 몇 천의 가구에게 이 기회는 커다란 영향을 끼칠 것입니다.

이를 실현하기 위해 당신은 새로운 사람을 발견하여 그 꿈을 서로 나눌 필요가 있습니다. 그러면 그 새로운 사람 역시 당신이 했던 것처럼 다음 사람에게 같은 일을 할 것입니다.

그리고 얼마 지나지 않아 그 과정은 두 배로 늘어나고 급속도로 퍼지게 될 것입니다. 이것은 연못에 돌을 하나 던지면 그 파문이 점점 더 커지는 것과 같은 원리입니다.

만약 당신이 이 사업에 대해 처음 접하는 것이라면, 이 사업이 많은 사람들에게 삶의 희망을 가져다 줄 수 있다는 점을 아직 실감하기 어려울 것입니다.

이 사업은 자가 고용 수입과 사적인 자유시간, 즐거움이 있는 양질의 삶 그리고 부수적인 모든 대가 및 보물에 정말로 커다란 영향을 미치게 됩니다. 따라서 의욕을 가지고 본 사업에 참여한다면 자유로운 삶이 실현될 것입니다. 그러면 그것을 다른 사람들과 함께 나누십시오. 당신의 인생은 보다 균형 잡히게 될 것입니다.

현재 대부분의 여성들은 인생의 균형과 동떨어진 생활을 하고 있습니다. 그들은 사시사철 출퇴근하며 일하고 있고 가정에서는 오랜 시간동안 가사 일을 해야 합니다. 이것은 인생의 균형과는 거리가 먼 생활입니다.

인생의 균형이란 '일은 조금만 하는 대신, 개인적으로 진정한 성취감을 느낄 수 있는 다른 뭔가를 하는 것'을 의미합니다.

오랜 기간 동안, 제 남편과 저는 그저 생계유지를 위해 열심히 일했습니다. 그러나 이제는 시간제로 일하면서도 큰돈을 벌고 있습니다.

물론 처음 한 두 해 동안은 사업이 매우 느리게 출발합니다. 하지만 그 후에는 점점 그 속도가 빨라질 것임을 장담합니다. 특히 당신이 명심해야 할 점은 이 일에 초점을 맞추고 용기를 잃지 않아야 한다는 것입니다.

많은 선택사항

이 사업에는 믿을 수 없을 정도로 많은 선택사항들이 존재합니다.

당신은 남편 혹은 가장 좋아하는 파트너와 함께 이 일을 전개할 수도 있습니다. 사랑하는 사람들이 서로 돕고 보조하면서 같은 방향으로 나아가는 것은 매우 바람직한 일입니다. 즉, 미래의 꿈을 함께 설계하며 즐거움을 누리는 것은 축복 받은 일인 것입니다.

이러한 기회는 많은 부부들에게 정말로 특별한 즐거움을 가져다줍니다. 다른 어떤 평생직업이 이러한 기쁨을 가져다 줄 수 있을까요?

일반적인 직업 세계에서 대부분의 부부들은 사회에 나가 길고 지루한 시간을 일에 매달려야 합니다. 그리고 그들이 퇴근할 무렵에는 둘 다 너무 지친 나머지 아이들 혹은 서로 함께 보낼 의미 있는 시간을 만들 겨를이 없습니다. 이러한 삶에서 오는 스트레스는 결혼생활에 문제를 일으키고 맙니다.

특히 아이들은 소외되거나 혹은 TV에 파묻혀 자라납니다. 심지어 거리로 뛰쳐나가 비뚤어지기도 합니다.

다시 한 번 강조하지만 당신은 이러한 삶을 살아갈 필요가 없습니다. 이제 당신에게는 선택의 기회가 있습니다. 아주 새롭고도 뛰어난 라이프스타일을 창조할 수 있는 것입니다.

제 인생에서 가장 큰 기쁨은 언제나 일할 수 있다는 점, 가족과 함께 성장할 수 있다는 점 그리고 두 아들(덕과 그렉)이 테니스 치는 것을 보며 즐거워할 수 있다는 점입니다. 아이들이 어느 성장 단계에 있든 우리 부부는 아이들의 인생에서 일어나는 중요한 사건들에 언제나 참여할 수 있습니다. 네트웍 마케팅이 우리에게 이러한 기회를 제공한 것입니다.

당신의 인생에서 가장 큰 기쁨은 무엇입니까?

만약 당신이 행복하지 않다면 당신 주위의 사람들이 어떻게 행복할 수 있겠습니까? 이 사업에 참여하면 당신은 틀림없이 행복을 추구할 수 있는 시간 및 재정을 확보할 수 있을 것입니다.

더 나은 삶을 살기 위한 비결

사람들은 언제나 저에게 이렇게 묻곤 합니다.

"이 사업의 비결이 뭔가요?"

그러면 저는 그들에게 그것은 바로 '이 사업을 즐기는 것'이라고 말해줍니다. 당신이 즐거움을 느끼면 느낄수록 당신은 더욱더 성공할 것입니다. 그러면 사람들은 벌들이 꿀에 모여들 듯 당신에게로 모여들 것입니다. 왜냐하면 대부분의 사람들은 불행하기 때문입니다.

통근버스나 지하철에 탔을 때, 혹은 직장에 갔을 때 주위 사람들의 얼굴을 한 번 살펴보십시오. 그들은 그다지 즐겁지 않은 삶을 살아가는 것처럼 보일 것입니다.

제가 기억하고 있는 사람들 중에서 가장 불행한 사람들은 미국 뉴욕의 맨해튼 거리를 활보하는 사람들입니다. 그들은 바쁘게 쫓기듯 움직이며 무표정한 얼굴을 땅에 고정시킨 채 사람들 사이를 헤집고 걸어갑니다.

그들이 그토록 바쁘게 어디로 가는 것인지 궁금하게 생각해본 적은 없나요?

제가 볼 때, 그들은 마치 같은 장소를 뱅글뱅글 돌고 있는 것 같습니다. 그리고 한 가지 분명한 것은 그들은 자신이 원하는 삶을 살고 있지 못하다는 점입니다.

인생에서 즐거움을 누리고 있는 사람은 극히 일부분입니다. 그러므로 더 많은 사람들이 즐거움을 발견하도록 노력해야 합니다. 하지만 그것은 결코 어려운 일이 아닙니다.

인생을 통해 즐거움을 발견한 이들은 오늘날을 '움직이고 크게 변화시킬' 신 인류입니다. 이들은 보통 사람들이지만 즐거움을 사랑하는 열정을 지니고 있는 동시에 세상을 크게 변화시키고 있습니다. 왜냐하면 그들은 인생에 있어 진정한 의미의 재정적 자유 및 안정을 확보하는 방법을 다른 이들에게 알려주고 있기 때문입니다.

당신이 만약 삶의 변화를 모색하고 있다면 이 사업은

틀림없이 당신에게 적당한 기회를 제공할 것입니다. 또한 많은 사람들을 만나고 삶의 질을 한층 더 높일 수 있을 것입니다.

더불어 당신은 이 사업을 통해 많은 즐거움을 누리게 될 것입니다. 그리고 즐거움을 느끼면 느낄수록 더 많은 즐거움이 당신을 찾아오게 됩니다. 왜냐하면 사람들은 즐겁게 살아가는 사람에게 자연적으로 끌리기 때문입니다.

네트웍 마케팅은 교육 및 가르침을 기반으로 하는 사업으로 사람들이 서로를 도와 성공에 이르는 방식입니다. 저는 개인적으로 세상은 바로 이러한 방식으로 변해가야 한다고 생각합니다. 즉, 모든 사람들이 다른 사람들을 돕는다면 그들은 자연스럽게 자신이 원하는 모든 것을 얻을 수 있게 되는 것입니다.

특히 여성은 언제나 자녀 및 배우자를 교육 혹은 지원하는 것이 생활화되어 있기 때문에 이 사업에서 뛰어난 능력을 발휘할 수 있습니다. 즉, 이 사업은 여성들의 그러한 특성과 잘 부합하는 것입니다.

제 남편과 저는 세계 곳곳의 해변가를 거닐며 평화스러운 휴가를 즐기고 있습니다. 그리고 여전히 세상의 변화를 추구합니다.

　또한 우리는 우리 아이들 그리고 훗날 우리의 손자들과 의미 있는 시간을 함께 보내기를 원합니다. 물론 우리가 지금 참여하고 있는 네트웍 마케팅을 계속하는 한, 우리에게 있어 그것은 단순한 꿈이 아닙니다.

성공 사례

　성공자들은 기회가 왔을 때, 그것을 꽉 움켜쥐었고 당연히 그들의 은행계좌에는 돈이 불어났으며 삶의 질은 크게 향상되었습니다.

　물론 여기에는 노력이 곁들여졌습니다. 당신도 알다시피 세상에 공짜란 없으니까요.

　그들은 아무리 힘들고 어려운 상황이 닥쳐와도 변명하지 않고 묵묵히 자신의 일을 해냈습니다. 그 결과 그들은 성공을 향해 달려나가는 기차에 올라탈 수 있었으며 동시에 자신이 크게 성공할 수 있음을 굳게 믿었습니다.

　무엇보다 중요한 사실은 그들이 회사에서 배운 그대로 그리고 회사에서 알려준 시스템을 그대로 따라 했으며 뛰어난 사업도구를 사용했다는 점입니다.

　그리하여 그들의 수입은 곧 늘어났습니다.

당신의 수입 역시 늘어날 수 있습니다.

당신은 단지 '그래, 난 자기만족을 느끼는 여성이 되고 싶어. 나는 진정한 나의 삶을 개척하고 싶어!'라고 결심하기만 하면 됩니다.

이제 모든 것은 당신에게 달려 있다

어떻습니까?

이제 당신 스스로를 고용하는 여성이 되고 싶지 않습니까?

여성들의 성공사례는 이미 그 수를 헤아릴 수 없을 정도로 많습니다. 그리고 앞으로 10여년 동안 자수업 역사상 가장 많은 수의 가족들이 이 사업에서 새롭게 자수성가한 백만장자 대열에 합류할 것으로 추정됩니다.

이 책의 목적은 당신의 눈을 뜨게 하는 것입니다.

당신의 미래를 당신의 힘으로 좌우할 수 있는 훌륭한 기회가 당신 앞에 놓여 있습니다.

모든 것은 당신 자신에게 달려 있습니다.

만약 누군가로부터 이 책을 받았다면 곧바로 그 사람을 찾아가십시오. 그 사람은 이 사업에 참여하는 방법을 친절하게 알려줄 것입니다.

무엇을 망설이는가?

왜 아직까지도 먹고사는 문제를 해결하는 것에 급급해 고된 일을 계속하고 있습니까?

당신은 보다 나은 삶을 영위할 수 있습니다.

당신의 인생은 정말로 달라질 것입니다!